BEI GRIN MACHT SICH IHR WISSEN BEZAHLT

AF167236

- Wir veröffentlichen Ihre Hausarbeit,
  Bachelor- und Masterarbeit

- Ihr eigenes eBook und Buch -
  weltweit in allen wichtigen Shops

- Verdienen Sie an jedem Verkauf

Jetzt bei www.GRIN.com hochladen
und kostenlos publizieren

Trainingsplanung im Krafttraining. Kraftsteigerung, Körperfettreduktion sowie Muskelmasseaufbau

Isabel Peter

Bibliografische Information der Deutschen Nationalbibliothek:

Die Deutsche Nationalbibliothek verzeichnet diese Publikation in der Deutschen Nationalbibliografie; detaillierte bibliografische Daten sind im Internet über http://dnb.d-nb.de abrufbar.

ISBN: 9783346664914
Dieses Buch ist auch als E-Book erhältlich.

Druck und Bindung: Books on Demand GmbH, Norderstedt Germany
Gedruckt auf säurefreiem Papier aus verantwortungsvollen Quellen

Das vorliegende Werk wurde sorgfältig erarbeitet. Dennoch übernehmen Autoren und Verlag für die Richtigkeit von Angaben, Hinweisen, Links und Ratschlägen sowie eventuelle Druckfehler keine Haftung.

Das Buch bei GRIN: https://www.grin.com/document/1216342

Deutsche Hochschule für
Prävention und Gesundheitsmanagement
Hermann Neuberger Sportschule 3
66123 Saarbrücken

Einsendeaufgabe

Fachmodul:	Trainingslehre I
Studiengang:	Fitnessökonomie
Datum Präsenzphase:	09.-14.08.2021
Name, Vorname:	Peter, Isabel
Studienort:	**Frankfurt**
Semester:	**SS 2021**

Inhaltsverzeichnis

1 Diagnose

1.1 Allgemeine und biometrische Daten

Tabelle 1: allgemeine und biometrische Daten (eigene Darstellung)

Alter	44 Jahre
Geschlecht	männlich
Körpergröße	180 cm
Körpergewicht	85 kg
Trainingsmotive	abnehmen, besser aussehen und stärker werden
berufliche Tätigkeit	Lehrer
zeitlicher Verfügungsrahmen	zweimal wöchentlich für jeweils eine Stunde
Blutdruck	121/80 mmHg

Die Person war bisher noch nie in einem Fitnessstudio angemeldet und ist ein Trainings-beginner. Früher hat die Person Tennis in einem Verein gespielt und momentan trifft sie sich in der Freizeit einmal wöchentlich zum Badminton mit Freunden. Allgemein hat die Person keine gesundheitlichen Einschränkungen, ist motiviert und belastbar, womit eine optimale Trainierbarkeit gegeben sein sollte.

Der Blutdruck des Kunden entspricht 121 zu 80 mmHg. Dieser Wert ist unbedenklich, da er im Normalbereich liegt (siehe Tabelle 2).

Tabelle 2: Blutdruckklassifikationen (mod. nach ESH/ESC, 2013)

Blutdruck	Systole (mmHg)	Diastole (mmHg)
optimal	< 120	< 80
normal	120-129	80-84
hochnormal	130-139	85-95
Hypertonie Grad 1	140-159	90-99
Hypertonie Grad 2	160-179	100-109
Hypertonie Grad 3	> 180	> 110

1.2 Krafttestung

Da die Person ein Trainingsbeginner ist und somit wenig Trainingserfahrung hat, wurde die Krafttestung durch einen Mehrwiederholungskrafttest (X-RM-Test) gewählt. Hierbei wird mit deutlich weniger Gewicht gearbeitet als bei der Krafttestung durch einen 1-RM-Test, bei welchem lediglich eine Wiederholung mit maximaler Kraft durchgeführt wird und somit durch die fehlende Krafttrainingserfahrung ein entsprechend hohes Verletzungsrisiko bestehen würde. Eine weitere Methode der Krafttestung wäre die Intensitätsbestimmung über das subjektive Belastungsempfinden, wobei aber ein hoher Abstraktionsgrad besteht, da gerade Trainingsbeginner die Ausprägung der Belastung oft nicht gut abschätzen können und sich somit tendenziell zu gering belasten.

Um das optimale Trainingsgewicht für das Trainingsziel des Muskelaufbaus in Mesozyklus III zu ermitteln, wärmt der Kunde sich zunächst auf einem Cardiogerät nach Wahl auf, führt anschließend einen Aufwärmsatz der Testübung mit 50 % des im ersten Testsatz festgelegten Gewichtes durch und versucht dann mit dem vorher definierten Startgewicht eine bestimmte Wiederholungszahl auszuführen. Bei der Abschätzung des maximal bewältigbaren Gewichtes für 12 Wiederholungen im Mesozyklus III wurde sich an den erreichten Gewichten im Mesozyklus II orientiert. Insgesamt werden maximal drei Testsätze mit jeweils drei Minuten Pausendauer durchgeführt. Die nachfolgende Tabelle 3 zeigt den methodischen Ablauf des 12-RM-Tests. Die Testübungsauswahl entspricht den Übungen des Mesozyklus III.

Tabelle 3: Krafttestprotokoll 12-RM-Test (eigene Darstellung)

Testübung	Wdh.	1. Testsatz	2. Testsatz	3. Testsatz	Ergebnis
Beinpresse sitzend	12	60 kg	70 kg	-	70 kg
Brustpresse	12	30 kg	35 kg	40 kg	40 kg
Butterfly	12	20 kg	25 kg	30 kg	30 kg
Latzugmaschine	12	40 kg	45 kg	-	45 kg
Rudermaschine	12	30 kg	35 kg	-	35 kg
Bauchmaschine	12	30 kg	-	-	30 kg

Leider ist bei sportmotorischen Tests, wie der Krafttestung mit einem X-RM-Test, kein interindividueller Leistungsvergleich möglich, da es keine Norm- bzw. Referenzwerte gibt. Der intraindividuelle Leistungsvergleich ist möglich, indem die Leistungsentwicklung genau dokumentiert wird und am Ende des Mesozyklus erneut einen 12-RM-Test durchgeführt wird, um die Ergebnisse zu vergleichen. Anhand der Steigerung der Gewichte kann eine Progression festgestellt werden. Ebenfalls lassen sich durch die ermittelten Testdaten die Trainingsintensitäten für den folgenden Mesozyklus III ableiten.

2 Zielsetzung

Anhand der im Eingangsgespräch geäußerten Trainingsmotive „abnehmen, besser aussehen und stärker werden" lassen sich, wie in Tabelle vier dargestellt, entsprechend pas-
sende Ziele nach den individuellen Wünschen des Kunden ableiten:

Tabelle 4: Zielsetzung der Testperson (eigene Darstellung)

Ziel	Inhalt	Ausmaß	Zeit
Stärker werden/Kraft-aufbau	Kraftsteigerung im Mehrwiederholungs-krafttest	10 %	6 Wochen
Abnehmen	Körperfettreduktion	3 kg	3 Monate
Muskulatur aufbauen	Muskelmasseaufbau	3 kg	6 Monate

Als erstes Ziel wurde mit einem Zeitrahmen von sechs Wochen ein kurzfristiges Ziel
gewählt, damit die Person auch schnell Erfolge feststellen kann und motiviert bleibt. Die
Kraftsteigerung in den Übungen des sportmotorischen Krafttests ist bei Trainingsbeginnern mit 10 % bei einem entsprechenden Krafttraining im ersten Mesozyklus mit hoher
Wahrscheinlichkeit zu erreichen.

Das zweite Ziel ist ein mittelfristiges Ziel und der Hauptgrund, warum die Person das
Training im Fitnessstudio antritt. Der Kunde möchte aus ästhetischen Motiven gern ein
paar Kilo verlieren. Durch das regelmäßige Training, in Ergänzung mit einer gesunden
Ernährung, ist eine Körperfettreduktion von 250-500 g wöchentlich und somit drei Kilogramm in drei Monaten realistisch zu erreichen.

Als längerfristiges Ziel steht der Muskelmasseaufbau, welcher im ersten halben Jahr mit
drei Kilogramm als durchaus realistisch zu betrachten ist. Durch die aufgebaute Muskulatur werden die ästhetischen Motive noch einmal aufgegriffen, da die aufgebaute Muskulatur auch zum allgemeinen Wohlbefinden und besseren Aussehen des Kunden beitra-
gen wird. Auch wenn der Kunde sich am Ende des Makrozyklus wahrscheinlich bei sei-
nem Ausgangsgewicht befinden mag, hat eine Rekomposition der Fett- und Muskelmasse
stattgefunden, was zu einer insgesamt besseren Körperform führen sollte.

3   Trainingsplanung Makrozyklus

Tabelle 5: Trainingsplanung Makrozyklus (eigene Darstellung)

	umfangsorientiertes Krafttraining	intensitätsorientiertes Krafttraining		
Mesozyklusdauer	6 Wochen	6 Wochen	6 Wochen	6 Wochen
spezifisches Trainingsziel	Kraftausdauer	Übergangstraining	Muskelaufbau (extensiv)	Muskelaufbau (intensiv)
Trainingseinheiten pro Woche	2	2	2	2
Organisationsform	GK/Station	GK/Station	GK/Station	GK/Station
Übungen/ Muskelgruppe	1-2	1-2	1-2	1-2
Sätze/Übung	2	2	2	2
Satzpausen	60 Sek.	60 Sek.	60 Sek.	60 Sek.
Wiederholungen	20	15	12	8
Intensität	50 % ILB	60 % ILB	70 % ILB	70 % ILB
Bewegungstempo	langsam bis zügig	langsam bis zügig	langsam bis zügig	langsam bis zügig

Der Makrozyklus ist die langfristige Trainingsplanung und umfasst bei der Person insgesamt sechs Monate. Mit diesem eher geringen Umfang passt er zum Leistungslevel des Kunden, da er ein Trainingsbeginner ist. Die einzelnen Mesozyklen dauern jeweils sechs Wochen und bauen aufeinander auf, um so eine Progression sicherzustellen. In der ersten Hälfte des Makrozyklus wird ein Kraftausdauertraining und ein Übergangstraining betrieben, womit erste Adaptionen stattfinden, die allgemeine Fitness verbessert wird, Körperfett reduziert wird und ebenfalls schon signifikante Kraftsteigerung zu verzeichnen sein sollte. Außerdem führt ein Kraftausdauertraining zu einer höheren Kapillarisierung der Muskulatur und damit zu einem besseren Stoffwechsel, welcher eine Grundlage für das Muskelaufbau- und Maximalkrafttraining bildet (Jockmann, 2012, S. 6). In der zweiten Makrozyklushälfte folgt dann das Hypertrophietraining, womit Muskulatur aufgebaut und die Kraft ebenfalls gesteigert wird. Die Wiederholungszahlen wurden insgesamt höher gehalten, um den Fokus während des Makrozyklus erst einmal auf die Ausführung zu halten und da das Primärziel des Kunden der Fettverlust ist.

Als übergeordnetes Konzept wurde das Training nach der ILB-Methode (Individuellen-Leistungsbild-Methode) von Eifler (2000) gewählt, da diese für Trainingsbeginner mit der steigenden Intensität den perfekten Einstieg darstellt. Vor jedem Mesozyklus wird ein X-RM-Test mit den entsprechenden Wiederholungszahlen durchgeführt, um die passenden Intensitäten zu bestimmen. Im ersten Mesozyklus startet der Kunde mit einer geringen Intensität von 50 % des ILB-Tests, um gerade zu Beginn keine Überbelastung zu verursachen und in erster Linie die motorischen Bewegungsabläufe kennenzulernen. Die Intensität steigert sich dann kontinuierlich, bis im dritten Mesozyklus 70 % des ILB-Tests absolviert werden. Auf diese Weise kann eine stetige Leistungssteigerung gesichert werden. In jedem Mesozyklus werden neue Trainingsreize gesetzt, um die Progression auch hier zu sichern.

Der Kunde startet den ersten Mesozyklus mit mehr Wiederholungen und weniger Gewicht, um die Kraftausdauer zu verbessern, den Fokus auf die Abnahme zu legen und um ihn an die Übungen und Bewegungsmuster zu gewöhnen. Im folgenden Mesozyklus treffen mit dem Übergangstraining und weniger Wiederholungen bei einer Intensität von 60 % des ILB-Tests wieder neue Trainingsreize auf den Kunden, um ihn auf das bevorstehende Muskelaufbautraining mit absteigenden Wiederholungszahlen und 70 % des ILB-Tests in Mesozyklus drei und vier vorzubereiten.

Die Belastungshäufigkeit wurde auf zwei Trainingseinheiten in der Woche festgelegt, da der Kunde an zwei Tagen die Woche Zeit für das Training findet. Außerdem wurde laut Wirth, Aatzor und Schmidtbleicher (2007) bei bereits einem Training in der Woche ein signifikanter Muskelzuwachs erzielt. Bei zwei oder drei Trainingseinheiten pro Woche wurden jedoch deutlich höhere Trainingseffekte ausgelöst. Um jede Muskelgruppe zweimal in der Woche zu trainieren, wird ein Ganzkörpertraining durchgeführt.

Das klassische Periodisierungsmodell wurde gewählt, weil es sich bei der Person um einen Trainingsbeginner handelt. Am Anfang wird mit vielen Wiederholungen bei geringer Intensität trainiert, um die Kraftausdauer zu steigern, sowie den Muskelstoffwechsel zu

verbessern und die Person so an das Krafttraining zu gewöhnen. Danach wird von Mesozyklus zu Mesozyklus die Intensität gesteigert und die Wiederholungszahl reduziert.
Dadurch können alle Intensitätsbereiche innerhalb eines Mesozyklus realisiert werden
und ein Gewöhnungseffekt bleibt aus.

Die Pausenzeiten betragen in jedem Mesozyklus konstant 60 Sek., um den Plan für den
Kunden als Trainingsbeginner für den Anfang so einfach wie möglich zu gestalten und
da laut Güllich und Schmidtbleicher (1999) nach mittleren Krafteinsätzen auch kurze,
unvollständige Pausen von 45-120 Sek. genügen. Die Trainingsintensitäten steigern sich
von Mesozyklus zu Mesozyklus. Jede Muskelgruppe wird mindestens einmal in der Ein-
heit und zweimal pro Woche trainiert und es findet ebenso eine Ausrichtung am zeitlichen
Verfügungsrahmen des Kunden statt.

4   Trainingsplanung Mesozyklus

Tabelle 6: Trainingsplanung Mesozyklus III (eigene Darstellung)

Mesozyklus 3	
Zyklusdauer	6 Wochen
Trainingsziel	Muskelaufbau (extensiv)
Trainingseinheiten pro Woche	2
Organisationsform	GK
Übungen/Muskelgruppe	1-2
Sätze/Übung	2
Satzpausen	60 Sek.
Wiederholungen	12
Intensität	70 % ILB
Bewegungstempo	langsam bis zügig

Für den Mesozyklus III wurde ein extensives Muskelaufbautraining, ausgerichtet an der
ILB-Methode mit entsprechend höheren Wiederholungszahlen gewählt, um die Muskulatur des Kunden sanft aufzubauen. Außerdem wird das Training zweimal die Woche im
Ganzkörperplan ausgeführt, um alle relevanten Muskelgruppen auch zwei Mal in der Woche zu treffen und so ein ausgewogenes Trainingsniveau zu schaffen. Durch das eher
knappe Zeitbudget des Kunden werden insgesamt sechs Übungen mit jeweils zwei Sätzen

ausgeführt. Die Anzahl der Sätze pro Übung richten sich ebenfalls nach den Empfehlungen von Buskies und Boeck-Behrens (2009). Demnach sind beim Trainingsziel Kraftausdauer 2-5 Sätze pro Übung und beim Trainingsziel Muskelaufbau 2-5 und mehr Sätze pro Übung empfohlen, weshalb im Makrozyklus der Testperson 2 Sätze pro Übung gewählt wurden.

Nach der ILB-Methode von Eifler (2000) werden, mit den im Krafttest festgelegten 12 Wiederholungen, 70 % des ermittelten Gewichtes ausgeführt, damit der Kunde auch zwei Sätze mit der Belastung durchhält und als Beginner nicht jedes Mal an seine Grenzen trainiert. Diese wurden, wie in der nachfolgenden Tabelle 7 zu erkennen ist, entsprechend auf- oder abgerundet. Die Trainingsgewichte werden spätestens alle zwei Wochen erhöht, um eine Progression sicherzustellen. Die Erhöhung richtet sich hierbei nach den Gewichtsabstufungsmöglichkeiten der jeweiligen Maschine.

Tabelle 7: Übungsauswahl Mesozyklus III (eigene Darstellung)

Übung	Woche 1	Woche 2	Woche 3	Woche 5	Woche 6
Beinpresse sitzend	50 kg	50 kg	55 kg	55 kg	60 kg
Brustpresse	30 kg	30 kg	35 kg	35 kg	40 kg
Butterfly	20 kg	20 kg	22,5 kg	22,5 kg	25 kg
Latzugmaschine	30 kg	30 kg	35 kg	35 kg	40 kg
Rudermaschine	25 kg	25 kg	30 kg	30 kg	35 kg
Bauchmaschine	20 kg	20 kg	25 kg	25 kg	30 kg

Das Training findet schwerpunktmäßig an geführten Maschinen statt, da diese wenig Spielraum für Fehler lassen und sich gerade bei Trainingsbeginnern durch das schnelle Erlernen gleich zu Beginn Erfolgserlebnisse einstellen. Trotz des Trainings an den geführten Maschinen wurden mehrgelenkige Übungen gewählt, um einen Transfer auf alltagsspezifische Bewegungen herzustellen und die intermuskuläre Koordination zu stärken.

Für die Beinmuskulatur habe ich als erste und einzige Übung die Beinpresse gewählt, da hier die größte Muskelgruppe angesprochen und die komplette Beinmuskulatur abgedeckt wird.

Die Brustpresse und der Butterfly wurden als Druckübung gewählt, um zwei verschiedene Reize auf die Brustmuskulatur zu setzen. Im Gegenzug dazu wurde die Latzugmaschine in Ergänzung mit der Rudermaschine als Zugübung gewählt, damit auch hier der Muskel zwei verschiedene Reize erfährt und die gegensätzlichen Muskelgruppen gleich viele Reize erfahren.

Um auch den Antagonisten zur unteren Rückenmuskulatur zu trainieren und die Rumpfmuskulatur zu stärken, wurde die Bauchmuskelmaschine gewählt. Außerdem stellt eine gut ausgebildete Rumpfmuskulatur die Basis für eine starke Extremitätenmuskulatur dar (Bompa & Carrera, 2005. S.47 f.).

Durch die verschiedenen Oberkörperübungen werden die Schulter- und Armmuskulatur mittrainiert. Sollte das Zeitbudget des Kunden es doch einmal zulassen, können ergänzende Übungen integriert werden.

Insgesamt werden mit dem Trainingsplan alle Muskelgruppen gleich stark ausgebildet, um muskuläre Dysbalancen zu verhindern und somit Fehlhaltungen vorzubeugen.

5   Literaturrecherche

In den folgenden Tabellen 8 und 9 werden zwei Studien zu den Effekten des Krafttrainings bei arterieller Hypertonie untersucht.

Tabelle 8: tabellarische Zusammenfassung Studie 1

Autor(en)	Bickenbach, Anna Lena
Titel der Studie	Auswirkungen von Ausdauer- vs. Krafttraining vs. der Kombination Ausdauer-/Krafttraining auf die systemische Hämodynamik, Gefäßelastizität sowie Herzfrequenzvariabilität bei Patienten mit arterieller Hypertonie
Jahr	2012
Forschungsfrage	Wie ist die Auswirkung von Krafttraining im Vergleich zum Ausdauertraining oder einer Kombination aus beiden Trainingsformen auf Hypertoniepatienten?
Versuchspersonen	55 Hypertoniepatienten nahmen an der Studie teil, darunter 42 Männer und 13 Frauen mit arterieller Hypertonie ersten Grades. Die Probanden waren im Schnitt 55 Jahre alt, 175 cm groß und 87 kg schwer. Von der Studie ausgeschlossen wurden Probanden mit medikamentöser Einstellung in den vergangen zwölf Wochen vor Aufnahme der Studie und Probanden, die in den letzten drei Monaten regelmäßig sportlich aktiv waren. Auch Patienten mit schwerer Hypertonie oder einem Herzleiden innerhalb der letzten drei Monate vor Aufnahme des Trainings durften nicht an der Studie teilnehmen.
Versuchsaufbau	Die Teilnehmer unterzogen sich vor und nach der Studie einer ärztlichen Untersuchung, unter anderem einer 24-Stunden-Blutdruckanalyse, HRV-Analyse und einer Bestimmung der Gefäßelastizität. Anschließend wurden die Probanden in eine Ausdauergruppe, Krafttrainingsgruppe, Ausdauer- und Krafttrainingsgruppe oder die Kontrollgruppe eingeteilt. Das Training fand dreimal die Woche für insgesamt 12 Wochen statt, mit Ausnahme der Kontrollgruppe, welche in dieser Zeit nicht körperlich aktiv war. Die Trainingsgruppen erledigten ein einheitliches Warm-Up mit einem anschließenden Training, entsprechend der Gruppeneinteilung. Die Intensitäten wurden hierbei kontinuierlich von 50 % auf 75 % gesteigert und der Verlauf des Trainings anhand eines Trainingsprotokolls dokumentiert.
Ergebnis	Die VO2max wurde in allen Trainingsgruppen erhöht. Ebenfalls fand in allen Gruppen eine Blutdrucksenkung statt, welche in der Kombinationsgruppe am größten, aber in der reinen Krafttrainingsgruppe höher als der reinen Ausdauergruppe war. „Obwohl bereits Empfehlungen hinsichtlich eines kombinierten Ausdauer- und Krafttrainings existieren, bleibt der Nutzen des Krafttrainings als alleinige Trainingsmaßnahme nach wie vor umstritten" (2012, S. 84-85). Dabei lässt sich laut Bickenbach gerade Krafttraining bis ins hohe Lebensalter realisieren und geht mit einem hohen gesundheitlichen Nutzen einher (2012, S. 85). Die Studie unterstreicht, dass Sport und körperliche Aktivität im Allgemeinen einen positiven Einfluss auf Hypertoniepatienten hat, jedoch weitere Untersuchungen hinsichtlich des Nutzens von Krafttraining nötig sind.

Tabelle 9: tabellarische Zusammenfassung Studie 2

Autor(en)	Carmen C. Cononie, James E. Graves, Michael L. Pollock, M. Ian Phillips, Colin Sumners und James N. Hagberg
Titel der Studie	Effect of exercise training on blood pressure in 70– to 79-yr-old men and women
Jahr	1991
Forschungsfrage	Welche Effekte hat das Krafttraining auf den Blutdruck bei 70 bis 79 Jahre alten Männern und Frauen?
Versuchspersonen	Insgesamt nahmen 56 gesunde, untrainierte Probanden, darunter 25 Männer und 31 Frauen im Alter zwischen 70 und 79 Jahren an der Studie teil.
Versuchsaufbau	Die Probanden unterzogen sich sechs Monate lang entweder einem Ausdauer- oder Krafttraining. Das Krafttraining wurde dreimal die Woche durchgeführt, bestehend aus einem Satz mit 8 bis 12 Wiederholungen und 10 verschiedenen Übungen.
Ergebnis	Der Körperfettanteil der Probanden reduzierte sich, die VO²max veränderte sich nicht. Laut Cononie et al. Hatte das Krafttraining jedoch keinen negativen oder reduzierenden Einfluss auf den Blutdruck der Probanden mit normalem oder erhöhtem Blutdruck (1991).

6   Literaturverzeichnis

2013 ESH/ESC Guidelines for the management of arterial hypertension (2013). *Journal of Hypertension*. 31(7). 1286.

Bickenbach, A. L. (2012). Auswirkungen von Ausdauer- vs. Krafttraining vs. der Kombination Ausdauer-/Krafttraining auf die systemische Hämodynamik, Gefäßelastizität sowie Herzfrequenzvariabilität bei Patienten mit arterieller Hypertonie (Dissertation, Sportwissenschaften).

Bompa, T. O. & Carrera, M. C. (2005). *Periodization training for sports. Science-based strength and conditioning plans for 20 sports* (2. ed.). Champaign, IL: Human Kinetics.

Buskies, W. &Boeckh-Behrens, W.-U. (2009). *Fitness-Gesundheits-Training. Die besten Übungen und Programme für das ganze Leben* (Bd. 61084). Reinbeck bei Hamburg: Rowohlt.

Cononie, C. C., Graves, J. E., Pollock, M. L., Phillips, M. I., Sumners, C., & Hagberg, J. N. (1991). Effect of exercise training on blood pressure in 70- to 79-yr-old men and women. *Official Journal of the American College of Sports Medicine*. 24(4). 505-511.

Eifler, C. (2000). *Krafttraining nach der ILB-Methode – Eine empirische Überprüfung der Trainingseffekte bei Anfängern und Fortgeschrittenen*. Diplomarbeit. Universität des Saarlandes, Saarbrücken.

Güllich, A. & Schmidtbleicher, D. (1999). Struktur der Kraftfähigkeiten und ihrer Trainingsmethoden. *Deutsche Zeitschrift für Sportmedizin*, 50(7/8), 223-224.

Jockmann, M. (2012). Trainingsplanung nach der ILB-Methode und Übungsanalyse (Hausarbeit Fitnesstrainer B-Lizenz).

Wirth, K., Aatzor, K. R. & Schmidtbleicher, D. (2007). Veränderungen der Muskelmasse in Abhängigkeit von Trainingshäufigkeit und Leistungsniveau. *Deutsche Zeitschrift für Sportmedizin*, 58(6), 178-183.

7 Abbildungs- und Tabellenverzeichnis

7.1 Tabellenverzeichnis

BEI GRIN MACHT SICH IHR
WISSEN BEZAHLT

- Wir veröffentlichen Ihre Hausarbeit,
  Bachelor- und Masterarbeit

- Ihr eigenes eBook und Buch -
  weltweit in allen wichtigen Shops

- Verdienen Sie an jedem Verkauf

Jetzt bei www.GRIN.com hochladen
und kostenlos publizieren